AF460035

LA DOUBLE EXTRAVAGANCE,

COMÉDIE,

EN TROIS ACTES ET EN VERS.

Représentée pour la premiere fois, par les Comédiens François, le 27 Juillet 1750.

A MADEMOISELLE D'ANGEVILLE.

O TOI que la Nature & Thalie ont inſtruite,
Dans l'art de plaire au cœur, de charmer les eſprits!
O toi qui conduis à ta ſuite,
Ce cortege enchanteur de Graces & de Ris,
Par qui l'ame eſt toujours ſéduite,
A tes talens adorés dans Paris,
De mes premiers Eſſais je dois la réuſſite.
Mais ne crois pas que cet aveu
Suffiſe à mon cœur & l'acquite,
Être reconnoiſſant pour ce cœur eſt trop peu;
Il eſt un culte, un ſentiment, un feu,
Qu'en tous lieux ta préſence excite,
Que cent fois il ſentit en lui;
A te l'exprimer tout l'invite;
Et voilà le tribut qu'il te rend aujourd'hui.

AVERTISSEMENT.

AVERTISSEMENT.

S'IL étoit permis à l'Auteur de cette Comédie, honorée des suffrages du Public, d'en révéler les défauts auxquels on fit grace, il conviendroit qu'il consultât peu les vraisemblances absolues, & qu'il bâtit sur le sable.

Plein alors de l'ancien Théatre, & trop jeune encore pour connoître assez le monde, il n'osoit s'exercer que dans ce genre de Comédie moyenne, dont l'art consiste moins dans les caracteres & les mœurs, que dans un embarras & un développement d'incidents, qui souvent doivent à leur défaut de vérité ce qu'ils offrent de piquant & de comique, ainsi que presque toutes les bonnes plaisanteries & les contes qu'à forgés l'imagination libre & gaie de certains hommes.

Sans doute on voulut bien tenir compte à l'Auteur des efforts qu'il avoit fait dans tout le cours de sa Piéce, pour en rapprocher la fable du possible : le titre même de sa Comédie pouvoit encore en excuser la singularité. Qu'on ajoute à cela les talents ſupérieurs de Mademoiſelle Dangeville, & peut-être quelque facilité de dialogue ; voilà vraiſemblablement ce qui procura à cet Ouvrage la faveur publique qu'il a conſervée au Théatre.

L'Auteur s'eſt propoſé depuis d'être plus vrai, d'examiner de plus près les hommes ; mais les vices qui lui reſtoient à appercevoir intéreſſoient ſi fort l'humanité, & par conſéquent paſſoient de ſi loin le ridicule, qu'il a regretté plus d'une fois un genre qu'un peu plus de maturité dans l'eſprit lui avoit fait abandonner.

NOMS DES ACTEURS.

ORGON, *Pere de Dorise.*	M. de Bonneval.
DORISE, *Fille d'Orgon.*	Mlle Grandval.
LEANDRE, *Pere.* } *Amoureux de Dorise.*	M. de la Thorillere.
LEANDRE, *Fils.* } *Amoureux de Dorise.*	M. Roselly.
MARINE,	Mlle Dangeville.
FRONTIN,	M. Armand.
CRISPIN,	M. Poisson.

LA DOUBLE EXTRAVAGANCE,

COMÉDIE,

EN TROIS ACTES ET EN VERS.

ACTE PREMIER.

SCENE PREMIERE.

FRONTIN *seul.*

JE n'ai pû la gagner, morbleu, quelle ſuivante !
Promeſſe, argent, priere ; enfin, rien ne la tente :
Tout eſt à contre-ſens ; fille à qui tout eſt bon,
Pere qui pour époux veut qu'elle ait un barbon,
Soubrette incorruptible.

SCENE II.

LÉANDRE, FRONTIN.

LÉANDRE.

AH Frontin! la verrai-je?
Pour la voir, lui parler, dis-moi comment ferai-je ?

FRONTIN.

Modérez-vous, Monſieur : moins de vivacité
Conviendroit un peu mieux à l'amour moleſté ;
Le vôtre eſt dans le cas...

LÉANDRE.

Comment, que veux-tu dire ?

FRONTIN.

Ce que je ne dis pas, vous ne ſçauriez le lire ?
Je n'ai pas dans les yeux votre malheur écrit?
Regardez-moi, Monſieur....

LÉANDRE.

Il a perdu l'eſprit.
Parle....

FRONTIN.

Plus d'eſpoir....

LÉANDRE

Quoi ?

FRONTIN.

Vous êtes jeune, aimable,
Voilà votre malheur....

LEANDRE.

Comment...

FRONTIN

Oui, c'eſt le diable ;
Il faudroit mieux cent fois que vous fuſſiez voûté,
Ridé, caſſé, gouteux, impotent, édenté,
Que d'avoir ce minois & cet air fait pour plaire ;

Je vois que vous voulez encore un commentaire.
Silence. On y viendra. Vous autres jeunes gens
Croyez que tout eſt dit, lorſqu'on n'a que vingt ans :
De vos vœux là-deſſus vous fondiez l'édifice ;
C'eſt ce qui le détruit...

LÉANDRE.

Ah ! Frontin, quel ſupplice !
De cet énigme enfin apprends-moi donc le mot.

FRONTIN.

Ce récit, comme vous, m'avoit rendu fort ſot.
Je vais vous l'expliquer. Monſieur Orgon le pere
Veut un gendre qui ſoit au moins ſexagénaire.
Sa fille a la bonté de vouloir ce qu'il veut ;
Voilà votre congé, ce me ſemble.

LÉANDRE.

Il ſe peut
Que Doriſe conſente à cette extravagance ?

FRONTIN.

Bon, elle épouſeroit, tant elle a d'indolence,
Un ſiecle bien complet. Auſſi que n'avez-vous
Quelque vingt ans de plus, vous ſeriez ſon époux :
Le point eſſentiel, quand on veut une fille,
C'eſt de s'accommoder au plan de ſa famille ;
Vous avez tort, Monſieur. De plus, certain griſon
Bientôt pour épouſer arrive en la maiſon ;
L'affaire eſt réſolue...

LÉANDRE.

Oh Ciel ! quel coup de foudre !

Frontin, à l'oublier ne pouvant me résoudre,
Il faut ou l'arracher des mains de ce rival,
Ou mourir...

FRONTIN.

Le dessein est tant soit peu brutal ;
Mourir est un parti qu'on ne doit jamais prendre.
Fi donc : un seul revers doit-il vous faire rendre ?

LÉANDRE, (*après avoir rêvé.*)

Non, je verrai Dorise & je lui parlerai.
Le dessein en est pris, je l'exécuterai.
Amour, seconde bien ma bizarre entreprise !
Tout me devient permis....

FRONTIN.

Mais sa main est promise.

LÉANDRE.

N'importe ; un téméraire est heurenx en amour :
Suis-moi....

FRONTIN.

Je m'attendois, Monsieur, à ce retour,
Vous êtes, je le vois, un héros de tendresse.
Ce qu'on nomme prudence, à vos yeux est foiblésse.
Vous sortez en secret de votre garnison,
Pour venir à Paris sans aucune raison :
Vous voyez en passant une fille assez belle
Si l'on veut, & d'abord vous soupirez pour elle.
Vous venez vous loger dans la même maison,
Nourrir par conséquent votre amoureux poison,
Vous voulez aussi-tôt tâter du mariage,

Tenter je ne sçais quoi; mais ces feux de passage
N'ont pas de votre pere obtenu l'agrément:
Sa tendresse pour vous en agit librement.....

LÉANDRE.

Suis-moi sans répliquer....

SCENE III.

FRONTIN, MARINE.

FRONTIN.

AH, te voilà, tigresse!

MARINE.

Eh, c'est toi qui me fuis...

FRONTIN.

Pour affaire qui presse,
J'obéis à mon maître; il est désespéré,
Je ne sçais quel projet dans sa tête est entré,
Il veut que je le suive; adieu duegne inflexible.

SCENE IV.

MARINE *seule.*

IL a, ma foi, raison, je suis une insensible.
Avec quelle rigueur j'ai traité cet amant,
Qu'autrefois j'aurois plaint, & servi sûrement!
Je ne me conçois pas: l'himen le plus bizarre,
Le plus fou, le plus sot, à mes yeux se prépare,

Et je vois de sang froid que l'on fait le malheur
D'un enfant que j'immole aussi par ma tiédeur.
Je l'aime, & cependant je la vois la victime
D'un pere qui s'arroge un droit illégitime.
Non, ne le souffrons pas : osons la garantir
De ce coup qui contr'elle est tout prêt à partir;
Elle a trop de vertu pour n'être pas à plaindre
Dans cet état affreux où l'on veut la contraindre.
Comme je la connois, avec un vieux mari
Elle croiroit devoir n'exister que pour lui.
Cependant j'ai laissé trop avancer l'affaire,
Et pour parer le coup je ne sçais comment faire.
Mais quelqu'un vient, rentrons....

SCENE V.

MARINE, CRISPIN.

CRISPIN.

La peste, quel minois!
Me voilà pris d'emblée; avançons toutefois.
Ma belle... (car ce nom est le vôtre sans doute)
Vous voyez... vous voyez mon esprit en déroute,
Je ne puis m'expliquer, tant je suis interdit.

MARINE.

Que voulez-vous? Ici qu'est-ce qui vous conduit?

CRISPIN.

Doucement. Il est vrai que je viens pour un autre;
Mais en fait d'intérêt, le plus vif est le nôtre.

Mettons de l'ordre à tout, & commençons par moi.
Je ſuis pétrifié de tout ce que je voi,
Et pour dire en un mot tout ce qui me tranſporte,
Je t'aime, mon enfant, ou le diable m'emporte.
Je ne ſçais d'où tu viens, d'où tu ſors, où tu vas ;
Mais de ce moment-ci je m'attache à tes pas,
Et tu me permettras au moins d'être ton ombre.

MARINE.

Le ton eſt familier.

CRISPIN.

Ton acueil un peu ſombre.
Idole de mon cœur, adoucis tes regards,
Vois les miens...

MARINE.

Dis ton nom, ton deſſein, ou je pars.

CRISPIN.

Attends, ne ſçais-tu pas ici certaine fille
Que l'on doit marier ?...

MARINE.

Oui....

CRISPIN.

Fort jeune & gentille ?

MARINE.

Que t'importe ?...

CRISPIN.

Beaucoup. Fille d'un commerçant,
Qùe l'on appelle Orgon ?

MARINE.

Je la ſers.

CRISPIN.

Juſtement.

Je viens pour t'épouſer...

MARINE.

Parle donc, eh bélitre!

Je te ferai bientôt finir ſur mon chapitre.

On ne m'épouſe point.

CRISPIN.

Je ſuis pourtant ton fait.

MARINE.

Finis, ou...

CRISPIN.

Tu le veux, je ſuis donc le valet

D'un quidam arrivé pour épouſer Doriſe.

Ergo, moi je t'épouſe ... eh bien ! quelle ſurpriſe !

MARINE.

Mais on ne l'attendoit au plutôt que demain.

CRISPIN.

L'amour, comme tu ſçais abrege le chemin :

C'eſt lui qui nous amene...

MARINE, *à part.*

O Ciel! que dois-je faire?

Ecoute. A tes diſcours, je vois que tu veux plaire,

Je t'en tiens compte; mais il me faut un portrait.

CRISPIN.

Je te comprens, il faut peindre mon maître en laid.

MARINE.

Non : fais-le tel qu'il eſt, c'eſt tout ce que j'exige.

CRISPIN.

Mais, ſonge, mon enfant, à quoi l'honneur m'oblige.

MARINE.

Et l'amour...

CRISPIN.

Il eſt vrai, cette dette prévaut,
Et je vais l'acquiter. D'abord, ſon grand défaut
Eſt de s'aimer lui-même autant qu'un petit-maître ;
Veillant ſans ceſſe aux ſoins de conſerver ſon être,
Il ſe croit en amour encore dangereux,
Galant, même coquet, quoiqu'il ſoit aſſez vieux
Pour devoir renoncer, je penſe, au mariage.

MARINE.

Bon.....

CRISPIN.

Cachant tant qu'il peut ſes rides & ſon âge,
Se croyant jeune encor, quoiqu'on lui ſçache un fils,
Grand comme pere & mere, & qui court le pays.
Dupe le plus ſouvent pour être trop crédule,
Enfin, comme tu vois, un parfait ridicule.
Maisle voici lui-même...

MARINE, *à part.*

Il me vient un projet,
Bien ſingulier, bien fou, nous en verrons l'effet.

SCENE VI.

LÉANDRE, *Pere*, MARINE.

CRISPIN.

LÉANDRE, *Pere*.

Sçait-on mon arrivée, as-tu vu le beau-pere?

CRISPIN.

Pas encor.

LÉANDRE, *P*.

Comment donc?

MARINE.

Monſieur, point de colere,
On la ſçaura trop tôt...

LÉANDRE, *P*.

Et pourquoi! s'il vous plaît.

MARINE.

Ah! Monſieur, tout va-t-il ſuivant notre ſouhait.
Du pere, je le ſçais, vous avez la promeſſe:
Mais ſi je connois bien l'eſprit de ma maîtreſſe;
Quoique ſimple, & n'ayant aucune paſſion,
Elle aura pour votre âge un peu d'averſion.
Et je crains qu'en voulant lui faire violence,
On ne pouſſe ſon cœur à quelqu'extravagance.

CRISPIN.

La crainte eſt de bon ſens.

LÉANDRE, *P*.

Suis-je ſi fort âgé?

Je ſçais cent jeunes gens qui n'ont pas l'air que j'ai.

MARINE.

C'eſt ce qui me ſurprend, & me donne une idée,
Bizarre en apparence, & cependant fondée.

LÉANDRE, *P.*

Quelle eſt-elle ?

MARINE.

D'abord elle paroît un jeu,
Mais à vous dire vrai, j'y comptetois un peu :
Ma maîtreſſe eſt bien neuve, & par rapport au pere,
Il eſt ſi bon, ma foi....

CRISPIN, *à part.*

Quel diantre de myſtere ?

MARINE.

Plus je vous enviſage, & plus j'en ſuis d'avis.

LÉANDRE, *P.*

De quoi donc ?

MARINE.

Auriez-vous des enfans ?

LÉANDRE, *P.*

J'eus un fils,
Qui de robin d'abord, devenu militaire,
Aujourd'hui loin de moi ne m'inquiete guère :
Laiſſons-le, ſon état excite mon courroux.

MARINE.

Fort bien, mais ſous ſon nom que ne vous offrez-vous ?
Fait comme vous voilà, frais encore & l'œil tendre,

Je gagerois qu'ici chacun va s'y méprendre.
Sûr de la fille, alors vous ne risqueriez rien.
C'est-là l'essentiel : vous concevez fort bien,
Soit desir du couvent, soit larmes, soit priere,
Qu'une fille à la fin vient à bout de son pere.
Et si monsieur Orgon lui remettoit ses droits,
Nous tâcherions sur vous de conduire son choix.
Comme elle n'aime rien, la réussite est sûre :
Voyez si vous voulez risquer cette avanture.

LÉANDRE, *P.*

Ton projet me plaît fort : je voudrois le tenter.

MARINE.

C'est que vous pourrez plaire & vous faire écouter,
Au lieu que sous l'habit, la qualité de pere,
Vous vous feriez haïr : pardon, je suis sincere,
Mais vous connoissez bien l'esprit des jeunes gens.
A leurs yeux prévenus les peres ont cent ans;
C'est le nom qui fait tout, ne vous faites connoître
Qu'en qualité de fils, vous passerez pour l'être.

LÉANDRE, *P.*

Tu crois ...

MARINE.

Si je le crois, vous en avez tout l'air.
Par quelques petits soins, il faudra vous aider;
Avoir une coëffure un peu plus élégante,
Un peu plus d'art, & tout passera notre attente.
Est-ce qu'on a l'air jeune aujourd'hui dans Paris?
Nos tendres Adonis, en naissant sont flétris.

La sotise,

La ſotiſe, l'habit, affichent la jeuneſſe;
Mais tout, à cela près, annonce la vieilleſſe.

CRISPIN *bas.*

La friponne, je crois, veut ſe moquer de lui.

LÉANDRE, *P.*

Faiſons plus....

MARINE.

Oui, je veux vous ſervir aujourd'hui.
Souffrez la liberté qu'avec vous j'oſe prendre,
Mais je me ſens pour vous l'amitié la plus tendre.

LÉANDRE, *P.*

Tu n'obligeras pas, je t'aſſure, un ingrat.

MARINE.

Ne jugez pas de moi, Monſieur, par mon état.
Je ſers ſans intérêt.

CRISPIN.

L'honnête conſcience!

LÉANDRE, *P.*

Je dis donc, pour fixer encore la vraiſemblance,
Qu'il faudra que j'apporte une lettre...

MARINE.

De vous,
Où vous propoſerez votre fils pour époux,
A merveille.

LÉANDRE, *P.*

Ajoutant que quelque maladie,
De me remarier éloigne toute envie.

Orgon d'un pareil tour ne peut ſe défier;
Voyant mon écriture, à moins d'être ſorcier,
Pour autre que mon fils il ne ſçauroit me prendre ;
Sauf à me démaſquer quand je ſerai ſon gendre.

MARINE.

Que d'eſprit ! il n'eſt rien de mieux imaginé.

LÉANDRE, *P.*

Oui, je franchis le pas, j'y ſuis déterminé,
Mais tu me ſerviras auprès de ta maîtreſſe.

MARINE.

Allez, tout eſt à vous, mon zèle & mon adreſſe.

LÉANDRE, *P.*

Je vais tout préparer & je reviens à toi.

CRISPIN.

Auſſi jeune, auſſi frais, auſſi galant que moi.

SCENE VII.

MARINE *ſeule.*

QUELLE dupe ! ma foi, pour certaines perſonnes,
Quand on les veut jouer, toutes ruſes ſont bonnes.
Je puis déja compter que l'himen préparé,
S'il n'eſt rompu, ſera tout au moins différé.
Or voyons maintenant ce qui nous reſte à faire,
Afin qu'à notre Orgon ce ſot ne puiſſe plaire,
Contrarier ſon choix, & blâmer ſon projet,
Moyen ſûr de venir à ce premier objet :
Interroger encor le cœur de ma maîtreſſe,

Peindre du jeune amant les traits & la tendresse,
Les aboucher ensemble en secret un instant ;
C'est l'article second & le plus important.
Mais on vient, taisons-nous...

SCENE VIII.

ORGON, DORISE, MARINE.

ORGON.

Oui, c'est dans la vieilesse
Qu'on trouve des douceurs de la plus sage espece ;
L'époux à qui demain tu dois donner ton cœur,
A tout ce qu'il te faut pour faire ton bonheur.
Je le connus jadis : il a presque mon âge ;
Il est par conséquent aussi prudent que sage :
Ses traits de mon esprit sont assez effacés,
Mais il n'étoit pas mal, & ce doit être assez.
C'est la raison qui met la paix dans un ménage,
Et la raison n'est pas aux époux de ton âge,
Tu n'aurois, en un mot, jamais pu mieux choisir.

DORISE.

Je ne refuse pas, mon pere, d'obéir ;
Mais le rapport d'humeurs n'est-il pas nécessaire ?

ORGON.

Bon, le rapport d'humeurs, jargon, pure chimere.
Tu prendras, mon enfant, l'humeur de ton époux,
Douce comme on te voit...

MARINE.

Mais, Monſieur...

ORGON.

Taiſez-vous.

MARINE.

C'eſt fort bien dit, comptez ſur ſon bon caractere.
Mais, dites-moi, Monſieur, quand ſa défunte mere
Eut été votre femme un mois ou deux au plus,
Eſt-ce qu'un peu d'humeur ne prit pas le deſſus!
Vous nous avez compté qu'avant que d'être femme,
Elle ſembloit avoir d'autres mœurs, une autre ame.
Eh, ne ſçait-on pas bien que l'himen change tout?
Le moyen qu'un mari nous attache; & ſur-tout
Quand on le prend ainſi ſans choix, & ſans tendreſſe.
Y penſez-vous, Monſieur, d'immoler ma maîtreſſe
Au projet le plus fou qui jamais ait été.
C'eſt unir, comme on dit, la mort à la ſanté.
C'eſt projetter enfin une action inique,
Et qui mériteroit, en bonne politique,
Une correction...

ORGON.

As-tu dit?

MARINE.

C'eſt ſelon;
Oui, ſi vous vous rendez; ſi vous perſiſtez, non.
J'ai cent choſes à dire...

ORGON.

Et moi rien à répondre,
Qu'un ſeul mot, qui ſuffit, je crois, pour te confondre.

La dispute m'ennuye, & d'ailleurs ma santé,
Ne veut pas que je parle avec vivacité.
Tu me permettras donc d'être un peu laconique,
Et sans aller chercher des fleurs de réthorique,
Disposez-vous, Dorise, à donner votre main
A l'ami que j'attends, peut-être dès demain.

SCENE IX.

DORISE, MARINE.

MARINE.

Si je pouvois vous croire assez fine, assez sage;
Pour chercher en ceci l'espoir d'un prompt veuvage,
Ou votre liberté, je dirois c'est bien fait;
Plus l'époux sera vieux, plus il est votre fait;
On ne peut trop payer un bien de cette espece.
Mais vous dont la conduite est sans art, sans finesse,
Vous à qui d'être fille ou veuve est fort égal,
Pourquoi laisser conclure un hymen si fatal?
Tandis qu'un cavalier, jeune, galant, aimable,
Vous aime, vous adore; un hymen effroyable,
Fera votre malheur & le sien à la fois.

DORISE.

Marine, que dis tu?

MARINE.

Je dis ce que je vois.
Je sçais de par le monde un homme qui soupire,
Plein d'un amour secret, qui pour vous le déchire,

Son valet à l'inſtant vient de m'en informer.
Ah ! c'étoit là l'époux qui devoit vous charmer.
à part. Son cœur reſtera-t-il toujours dans l'indolence ?

DORISE.

Va, laiſſe-moi, Marine, il n'eſt plus d'eſpérance
Pour cet homme qui m'aime, & n'a pu s'expliquer.
Je dois tout à mon pere, & ne puis lui manquer ;
C'en eſt fait ... L'as-tu vu, cet amant ?

MARINE.

Pas encore,
Je ne l'ai qu'entrevu ...

DORISE.

D'où ſçais-tu qu'il m'adore,
Qu'il eſt jeune, charmant ? pourquoi donc m'abuſer ?
A t'écouter auſſi devrois-je m'amuſer ?

MARINE.

Eh bien, donnez les mains à ce beau mariage,
Votre amant en mourra ; mais c'eſt un badinage,
Qui tourne à votre honneur.

DORISE.

Vous m'impatientez
Par vos réflexions, & par vos fauſſetés :
D'où peut-elle ſçavoir qu'il mourra ? ..

MARINE.

Je devine.
Il mourra, c'eſt la regle ...

DORISE.

Ah ! taiſez-vous, Marine.

MARINE.

Il eſt un ſûr moyen de conſerver ſes jours.

DORISE.

Il en eſt un auſſi d'abréger vos diſcours :
Adieu.

MARINE.

Quel changement ! Eſt-ce bien elle-même ?
O Ciel ! quand le péril pour nous devient extrême,
Elle s'aviſe enfin d'avoir un peu d'humeur ;
Serois-je par hazard allé juſqu'à ſon cœur ?
J'ai peine à le penſer, mais quoiqu'il en arrive,
Oſons faire pour elle une défenſe vive.

SCENE X.

LÉANDRE, *Pere, en Militaire*; MARINE, CRISPIN.

MARINE.

COMMENT donc déja prêt ?..

LÉANDRE, *P.*

Rien n'étoit plus aiſé,
Plus court. Qu'en penſes-tu, ſuis-je bien déguiſé ?

MARINE.

A ravir ; j'ai bien vu des héros en peinture,
Mais aucun d'eux, ma foi, n'avoit votre figure,
Vous gagnerez Doriſe indubitablement ;
Le ſexe a pour l'épée un ſi tendre penchant,

Un cœur auprès de qui vainement on s'épuiſe,
Eſt pour un militaire une place conquiſe.
Paroît-il ? l'ennemi fuit d'abord, on le joint,
Il tremble, il capitule, il débat quelque point,
On le preſſe ; & bientôt il ſe plaît à ſe rendre,
La plus mince bicoque eſt moins aiſée à prendre.
C'eſt une vérité ſans appel ; cependant
Il pourroit arriver que de ſon ſentiment
Le pere trop jaloux vous fut un peu contraire.
Mais, comme nous diſions, l'important de l'affaire
Eſt d'avoir ma maîtreſſe, & de gagner ſon cœur.
Ainſi gardez-vous bien de prendre quelqu'humeur.
Suppoſé que le pere, ami de la vieilleſſe,
Aille vous chicanner ſur un peu de jeuneſſe.
Je m'en vais l'avertir qu'on demande à le voir.

LÉANDRE, *P.*

Vas, je fonde ſur toi mon plus ſolide eſpoir.

SCENE XI.

LÉANDRE, *Pere*, CRISPIN.

LÉANDRE, *P.*

CETTE fille eſt charmante, & je prendrai ſoin d'elle.
Que de vivacité, que d'eſprit, que de zèle !

CRISPIN.

Je l'adore, Monſieur...

LÉANDRE, *P.*

Le ſot ! Souviens-toi bien

De ce que je t'ai dit & ne t'oublie en rien.

CRISPIN.

Oh non : vous êtes vous, & cependant ſans l'être.

LÉANDRE, *P.*

Quel galimathias ! je ſuis fils de ton maître.

CRISPIN.

Et le pere à la fois...

LÉANDRE, *P.*

Le traître ! le butor !
Je ſuis Léandre fils, te le dirai-je encor ?

CRISPIN.

Dites le moi cent fois, il faudra que j'en rie,
Je vais bien me donner ici la comédie :
A cinquante ans & plus, avec des cheveux gris,
Vouloir ſe dire jeune & paſſer pour ſon fils !
Qui diantre le croira...

LÉANDRE, *P.*

Tout le monde j'eſpere.

CRISPIN.

Des aveugles au plus...

LÉANDRE, *P.*

Voudrois-tu bien te taire ?

CRISPIN.

Mais ſi monſieur Orgon ſe rappellant vos traits.....

LÉANDRE, *P.*

Cela ne ſe peut pas...

CRISPIN.

Mais par hazard...

LÉANDRE, *P.*

Oh mais...
Je ſuis certain que non; trente bonnes années
Sans que l'on ſe ſoit vu, détruiſent les idées;
Je ne puis rappeller ſa figure à mes yeux,
Veux-tu que de la mienne il ſe ſouvienne mieux?

CRISPIN.

Non, ce que je voudrois, c'eſt que dans cette ville
Votre fils eût, Monſieur, fixé ſon domicile,
Qu'il vous vît...

LÉANDRE, *P.*

Oſes-tu nommer ce libertin?
J'ai trouvé le ſecret de punir mon coquin;
Et je vais, me ſervant de ſon nom, de ſon âge,
Faire pour me vanger ce charmant mariage.

CRISPIN.

Que vous êtes heureux d'être vindicatif;
Mais quelqu'un vient à nous. Quel air rébarbatif!

LÉANDRE, *P.*

C'eſt le pere, je crois...

CRISPIN.

Allons, ferme, courage.
Oubliez, s'il ſe peut, tout le poids de votre âge,
Pour paroître plus jeune, extravaguez plutôt.
Quelle lenteur! déja vous êtes en défaut.

SCENE XII.

ORGON, LÉANDRE, *Pere.*
CRISPIN.

ORGON.

Qui me demande ici ? Meſſieurs, qui vous amene ?

CRISPIN.

Monſieur, nous deſcendons du caroſſe du Maine.

ORGON.

J'en attends un ami, ne l'auriez-vous pas vu ?
Vient-il ? ne vient-il pas ? vous ſeroit-il connu ?
Venez-vous de ſa part ?...

CRISPIN (*bas.*)

Faites parler la lettre ?

LÉANDRE, *P.*

Voyez ce mot d'écrit que je dois vous remettre,
Il contient le ſujet qui me conduit ici.

ORGON.

(*Il lit.*)

Pourquoi donc m'écrit-il ? « Mon vieux & cher ami,
» Tu m'avois propoſé ta fille pour épouſe,
» Mais d'un ſi grand bonheur la fortune jalouſe
» De mille maux cruels m'a fait ſentir le poids,
» Peut-être je t'écris pour la derniere fois. »

CRISPIN.

Il ne l'entend pas mal de ſe dire malade ;

Croyez-le…

ORGON.

Qu'a-t-il donc ?

CRISPIN.

C'eſt bien une autre aubade;
A ſon âge, Monſieur, vous le croyez ſenſé;
Non. Tout-à-coup un jour ſon cerveau renverſé…
Ses fibres… ſa raiſon perdant leur harmonie…
Il fut ſaiſi d'un mal qu'on appelle folie.

ORGON.

Comment donc?…

CRISPIN.

Oui, Monſieur, il eſt fou, demandez,
J'avois cru quelque tems mes ſoupçons mal fondés,
Mais à ſon dernier trait…

LÉANDRE, *P.* (*à part.*)

Quand finiras-tu, traître ?

CRISPIN.

Sur ce plaiſant détail interrogez mon maître,
Il en ſçait là-deſſus plus que moi…

ORGON.

Je le plains,
Pauvre ami !

CRISPIN.

Pourſuivez, vous verrez ſes deſſeins.

ORGON (*continuant de lire.*)

« Conſerve-moi l'honneur d'entrer dans ta famille,

» Mon fils l'officier peut épouser ta fille. »
Je suis son serviteur ; son fils n'est point mon fait,
C'est quelque libertin...

LEANDRE, *P.*

Achevez, s'il vous plaît.

ORGON.

» Ma lettre par ce fils te doit être remise ;
» Il est digne en tout point de l'aimable Dorise,
» Économe, prudent, & d'un esprit rassis.

CRISPIN.

Ce pere-là, Monsieur, connoît très-bien son fils.

LÉANDRE, *P.*

Les peres sont suspects en pareille matiere.

ORGON.

Vous êtes donc ce fils, ce si beau caractere ?

LÉANDRE, *P.*

Vous pourrez l'éprouver.

ORGON.

Votre pere est un sot.

CRISPIN.

Beau début...

ORGON.

Un refus, Monsieur, est votre lot.

LÉANDRE, *P.*

Je comptois mériter de remplacer mon pere.

ORGON.

Mais ma fille n'est pas un bien héréditaire ;

Je prétends lui donner un vieillard pour époux.

LÉANDRE, *P.*

Mais, Monſieur, ſon avis là-deſſus, l'avez-vous?

ORGON.

Je ſçaurai l'obtenir ; eh ! s'il vous plaît, votre âge?

CRISPIN.

Oh ! l'âge n'y fait rien, quand on ſçait être ſage :
Je réponds pour Monſieur, quelque jeune qu'il ſoit,
Son eſprit eſt tranquille, & ſon cœur ne conçoit
Ni deſir violent ni tranſports de jeuneſſe;
Il a juſqu'aux vertus de la ſage vieilleſſe :
Par exemple, œconome à paſſer, en maint lieu,
Chez de mauvais plaiſans, pour un feſſe-mathieu.

LÉANDRE, *P.* (*bas.*)

Te tairas-tu?

CRISPIN. (*bas.*)

Laiſſez, on ſçait ce qu'on doit dire;
Vous croyez qu'il ira ne s'occuper qu'à rire,
Qu'à chercher des plaiſirs frivoles & couteux :
Non, c'eſt un ſédentaire, un homme ſérieux,
Un vieillard; en un mot, ſi vous doublez ſon âge,
Son pere n'en ſçait pas là-deſſus davantage,
C'eſt un autre lui-même.

ORGON.

Il lui reſſemble aſſez.

CRISPIN.

Traits pour traits...

ORGON.

En effet.

CRISPIN.

Vous vous y connoiſſez.
Qui vous attrapera doit être paſſé maître :
Allons, en ſa faveur, vous reviendrez peut-être
Du goût que vous avez pour les maris vieillards.

ORGON.

Point du tout, je ſerai là-deſſus ſans égards ;
Que ma maiſon pourtant ſoit votre domicile,
Pendant votre ſéjour en cette grande ville :
On n'y déteſte pas par-tout les jeunes gens ;
Mais pour gendre, Monſieur, je n'en veux point céans.
Je voulois, pour ma fille, un époux de mon âge,
Et je vais lui donner quelqu'un du voiſinage,
A qui je préférois votre pere en ami ;
Je vais conclure ailleurs, & c'eſt tant pis pour lui.
Vous ſerez de la nôce...

SCENE XIII.

LÉANDRE, *Pere*, CRISPIN.

CRISPIN.

EH bien, qu'allez-vous faire ?

LÉANDRE, *P.*

Loger chez lui d'abord, voir ſa fille, & lui plaire.

CRISPIN.

C'eſt le point délicat de cette intrigue-ci.

LÉANDRE, P.

Doriſe pour mon fils pourra me prendre auſſi;
Tu vois dans le panneau comme a donné le pere.

CRISPIN.

La pauvre enfant va donc embraſſer la chimere.

Fin du premier Acte.

ACTE SECOND.

SCENE PREMIERE.

LÉANDRE Fils, (*en Vieillard*) FRONTIN.

FRONTIN.

L'AMOUR est un vrai fou ! Peut-on bien ſenſément
Se déguiſer, Monſieur, auſſi bizarrement ?
Enfin vous le voulez, & je vous laiſſe faire.

LÉANDRE, *F.*

Je pourrai voir Doriſe, & peut-être lui plaire;
Laiſſe-moi cet eſpoir...

FRONTIN.

Vous êtes entêté,
Mais je crains bien pour vous quelque fatalité.

SCENE II.

LÉANDRE *Fils*, MARINE, FRONTIN.

MARINE.

HEM... Frontin, avec moi tu lâches bientôt priſe;
Quoi ! déja cet amour...

FRONTIN.

Quel amour ?

MARINE.

Pour Dorise;
Qu'est devenu ton maître?

FRONTIN.

Il est devenu fou.

MARINE.

Fou?

FRONTIN.

Mais, fou décidé.

MARINE.

Comment donc, & par où?

FRONTIN.

Tiens, ma chere, c'est lui qu'ici je te présente;
La mascarade est-elle assez extravagante?

MARINE.

De cet état cruel, pourquoi suis-je témoin?
Frontin, de son amour je voulois prendre soin,
Et je me reprochois avec toi ma conduite.

LÉANDRE, *F.*

Que dites-vous? ô Ciel! quand ma flamme réduite
A ce déguisement, inspiré par l'amour,
Quand prêt à me servir d'un bizarre détour,
Je vais montrer aux yeux de Dorise déçue,
Les tendres sentimens dont mon ame est émue,
Marine à me servir auroit quelque penchant?

MARINE.

Mais il ne parle pas comme un extravagant:

Il n'eſt donc pas ſi fou ?

LÉANDRE, *F.*

Comment donc? qu'eſt-ce à dire ?

FRONTIN.

Il ne l'eſt pas ſi mal.

MARINE.

Je vois que tu veux rire;
Monſieur, attendez-vous à tout l'empreſſement
Que mes pareilles ont à ſervir un amant.

LÉANDRE, *F.*

En ce cas pour parler à l'aimable Doriſe,
Ton ſecours me ſuffit, ſans que je me déguiſe,
J'employois malgré moi ce bizare moyen
Pour me faciliter une heure d'entretien,
Qu'avec tant de rigueur tu m'avois refuſée;
Mais puiſqu'en ma faveur je te vois diſpoſée,
Je quitte cet habit & reviens à l'inſtant.

MARINE.

Mais... quitter cet habit... attendez un moment...
Cette ruſe eſt toujours très-bonne pour le pere,
C'eſt lui qu'il faut gagner... oui... plus je conſidere..
A merveille... Tantôt j'ai cependant peſté
Contre tous les vieillards; mais ſa crédulité,
Mon adreſſe ſur-tout, nous tireront d'affaire.

LÉANDRE, *F.*

Quelle reconnoiſſance !

FRONTIN.

Ah ! quant à ſon ſalaire

Je vous acquitterai, qu'elle aille ſon chemin.

MARINE.

Je veux vous préſenter comme un vieux médecin.

LÉANDRE, *F.*

Mais, Marine, j'ignore à fond la médecine.

MARINE.

Qu'importe! on dit des mots, & l'auditeur devine;
Croyez l'être vous-même, & chacun le croira.
J'en ſçais cent, qui pour l'être, ont au plus cet art-là.
Parmi tous les époux promis à ma maîtreſſe,
Nous n'en avons point eu, je crois, de cette eſpece.
Nouveauté, premier piege; un ſecond, & le bon,
C'eſt que depuis un tems notre monſieur Orgon
De ſa ſanté ſe fait une étude profonde,
Et pour cela cet art nous vient le mieux du monde.
Je veux faire de vous un habile homme. Enfin,
Ma fable eſt toute prête, & nous verrons la fin.
Pour Doriſe, parlez en amant de votre âge,
Et forcez la nature à percer le nuage.
Comme on ne ſçait encor ce qu'elle aime, parlez,
Preſſez; que vos regards, vos ſoupirs redoublés,
Vos diſcours, en un mot, aillent chercher ſon ame,
Y porter l'embarras, & bientôt votre flamme.
Toi, qu'on peut avoir vû, ſors vîte, allons, dehors.
Tu ne nous ſers à rien.

FRONTIN

Elle a le diable au corps.

MARINE.

J'entends le pere, il faut qu'ici je le prévienne;
Cachez-vous ici près, jusqu'à ce que je vienne
Vous dire le moment propice à vous montrer :
Je ne ferai pas longue à le bien préparer.
Moi, je conduis la barque, & vogue la galere.

SCENE III.

ORGON, MARINE.

ORGON.

MALGRÉ les sentimens qui m'attachent au pere,
J'ai très-bien fait d'avoir remercié le fils,
J'ai parlé comme il faut, & je m'en applaudis.
Il est allé chercher au coche, sa valise,
Il pourroit l'y laisser; il pense que Dorise,
Sur son compte, sera d'un autre avis que moi.
Je veux m'en divertir; que fais-tu donc là toi?

MARINE.

Je rêve...

ORGON.

A me jouer quelque tour.

MARINE.

Quelle injure?
Moi qui vous aime.

GRGON.

Eh bien, ma derniere aventure...

Conviens-en, tu croyois que ſuivant tes avis,
Le pere me manquant, j'accepterois le fils.
Non, non, à mon projet je tiendrai quoiqu'on diſe.
Et ce beau jouvenceau n'eſt point fait pour Doriſe.
Je m'embarraſſe peu de ton opinion ;
Car il eſt honoré de ta protection.
Les fils auprès de toi, valent mieux que les peres.
Tantôt tu m'as ſi bien établi tes chimeres,
Devant ma fille même! Heureuſement pour moi,
Que ſa docilité la retient ſous ma loi :
Tu veux me la gâter...

MARINE.

Qui, moi! je le confeſſe,
Je penchois ce matin un peu pour la jeuneſſe,
Mais j'ai changé, ma foi, Monſieur, du noir au blanc,
Et je lui verrois prendre un vieillard à préſent,
Sans vous en dire un mot ; & tenez, au contraire,
Un médecin fameux, preſque ſexagénaire,
Cet illuſtre étranger que l'on vante ſi fort...

ORGON.

Ce médecin anglois ?

MARINE.

Oui.

ORGON.

Monſieur de Clinfort ;
Cet homme d'un ſi rare & ſi parfait mérite,
Dont je t'avois parlé ?

MARINE.

J'ai reçu sa visite;
De ma jeune maîtresse, amoureux à l'excès,
Auprès d'elle il vouloit obtenir un accès,
Et je l'aurois servi du meilleur de mon ame,
Si je n'avois, de vous, craint quelque nouveau blâme.

ORGON.

Cet homme-là, Marine, est unique en son art,
Tempérament, humeurs, il voit tout d'un regard.

MARINE.

C'est un aigle en science, & cependant modeste.

ORGON.

On me l'a dit très-riche, & je le crois.

MARINE.

La peste!
Il fait de l'or, mais chut, il a d'autres secrets
Plus utiles encor, plus rares, plus parfaits;
Avec certaines eaux qu'il compose lui-même,
Il vous fait vivre un homme un siecle, au-delà même:
Il en est bien la preuve; à cinquante & six ans,
On lui voit les couleurs, les yeux des jeunes gens.

ORGON.

Comment donc, & pourquoi ne pas servir sa flamme?

MARINE.

Fi donc, d'un médecin ma maîtresse être femme?
Tous ces gens-là, Monsieur, à l'intérêt soumis,
Haissent la santé jusques chez leurs amis.

Elle n'en voudroit point...

ORGON.

Que m'importe Dorise ?
Je le prendrois pour moi.

MARINE.

N'est-elle pas pomise
A ce sot arrivant ? En vérité, c'est lui
Qui de nos jeunes gens comme vous m'a guéri.

ORGON.

Il n'aura pas ma fille.

MARINE.

En ami de son pere,
Vous la lui donnerez, & vous ne pouvez guere...

ORGON.

Je t'assure que non ; & je déliberois
Qui de mes vieux amis tantôt je choisirois :
Car je veux au plutôt finir ce mariage.
Ce beau fils de famille a projetté, je gage,
D'avoir avec Dorise un entretien secret,
Et de gagner son cœur, pour nuire à mon projet :
Mais j'aurai le plaisir, en terminant l'affaire,
De bien berner un fat qui ne sçauroit me plaire.
D'abord sur Alcidon j'avois jetté les yeux ;
Mais, je te l'avouerai, ton parti me plaît mieux ;
Marine, un médecin se préfere à tout autre :
S'il ne revenoit plus ?

MARINE.

Quelle erreur est la vôtre ?

Il aime...

ORGON.

Eh bien...

MARINE.

Eh bien... il reviendra cent fois.

ORGON.

Il faut bien que Dorise approuve notre choix;
Un médecin pareil est un trésor, Marine;
Je braverois dès-lors la vieillesse assassine.

MARINE.

Si c'étoit lui, Monsieur; j'entends quelqu'un.

ORGON.

Vas voir:
Dorise aime son pere, & c'est-là mon espoir:
Cette fille pourtant a du bon, & je l'aime.

SCENE IV.

ORGON, LÉANDRE *Fils*, MARINE.

LÉANDRE, *F.* (*bas*)

Songe à me seconder...

MARINE. (*bas.*)

Songez bien à vous-même.
(*haut à Orgon*)
C'étoit lui justement...

LÉANDRE, *F.*

Excusez-moi, Monsieur,

Sans vous être connu, de vous ouvrir mon cœur :
Ma démarche, ſans doute, a droit de vous ſurprendre.

ORGON.

Le bruit de votre nom s'eſt aſſez fait entendre ;
On vous connoît, Monſieur, de réputation,
Pour un homme divin dans ſa profeſſion.

LÉANDRE, *F.*

Hélas ! on eſt toujours homme par ſa foibleſſe :
Quel remede mon Art a-t-il pour la tendreſſe ?
Aucun : & s'oppoſer à mes deſirs preſſans,
C'eſt hâter à coup ſûr le terme de mes ans.
Je ſçais que ces tranſports ſont peu faits pour mon âge,
Pour pouvoir les cacher j'ai tout mis en uſage ;
Vains efforts ! mon amour s'eſt accru de moitié :
Ah ! monſieur, verrez-vous ma peine ſans pitié ?
En faveur de l'amour, ſecourez la vieilleſſe.

ORGON *à Marine.*

Ah ! que pour lui, Marine, il m'émeut, m'intéreſſe !

MARINE.

Je ſuis tout comme vous.

ORGON.

Tout ce que l'on m'a dit
Du ſçavoir de Monſieur, & de ſon grand eſprit,
Me le fait eſtimer autant que ſon langage.
Comment ! on dit, Monſieur, que vous avez l'uſage
D'une eau qui dans nos corps conſerve la ſanté.

MARINE.

Voyez, vous ai-je dit, Monſieur, la vérité,
Et le prendriez-vous pour un ſexagénaire?
La voix, les yeux, le teint, tout vous dit le contraire:
Je me procurerai de cette eau ſur ma foi.

ORGON.

Je voudrois qu'il en fît une épreuve ſur moi.

MARINE.

Vous êtes immortel, ſi vous l'avez pour gendre.

ORGON.

Ces ſecrets-là, Monſieur, ne peuvent ſe comprendre.

MARINE.

Bagatelle.....

LÉANDRE, *F.*

Sans doute. Il eſt dans chaque corps
Un principe de vie, ame de leurs reſſorts.

MARINE.

Vous l'entendez.....

ORGON.

Un peu.

LÉANDRE, *F.*

Ce principe de vie,
D'une fleur, par exemple, il faut que la Chymie
Aille le déterrer, l'extraire par ſon Art:
Or, ce principe extrait, je puis en faire part
A ceux de qui la vie à mes ſoins eſt remiſe.

ORGON.

Oh! je voudrois qu'il fût entendu de Dorise.

LÉANDRE, *F.*

Je dis plus : Telle plante a, par les loix du sort,
Dix ans à vivre; eh bien, par un chimique effort,
Je soustrais de son sein ces dix ans là de vie;
Le calcul est facile : A tel qui me supplie
De lui donner dix ans, cette plante suffit;
Tel en demande vingt, un autre les fournit :
J'ai tout cela, Monsieur, par classe dans ma tête.

ORGON.

Que de vivre avec vous je me fais grande fête!
Vous connoissez encor, à ce qu'on dit, des gens,
L'humeur, le caractere.....

LÉANDRE, *F.*

Ah! c'est de mes talens
Le plus simple, Monsieur, & le plus inutile.
Je vois bien que chez vous régne une humeur facile,
Que vous êtes léger, quelquefois inégal,
Crédule, plein d'honneur.....

MARINE.

Hem, vous peint-il si mal?

ORGON.

Il ne ment pas d'un mot.

LÉANDRE, *F.*

Je n'ai vu votre fille

Que deux fois tout au plus ; mais dans votre famille
Vous trouveriez à peine une ſi douce humeur.

ORGON.

Et Marine, Monſieur.....

LÉANDRE, *F.*

Oh, je la ſçais par cœur.

MARINE (*bas.*)

Auroit-il l'impudence?....

LÉANDRE, *F.*

Elle eſt fille très-fine,
Pleine d'eſprit, adroite, & quelquefois mutine ;
Fille enrageant de l'être.....

MARINE.

Alte-là, s'il vous plaît.

ORGON.

Oh, parbleu, voilà bien à chacun ſon portrait :
Il m'enchante ; un mortel, ſans ſe donner au diable,
Peut-il en tant ſçavoir ? Vous êtes admirable.

LÉANDRE, *F.*

A quoi ſert tout cela, ſi mon âge déplaît ?

ORGON.

Il vous ſert au contraire, ainſi qu'à mon projet :
Vous ne ſçavez donc pas que je hais la jeuneſſe.
Et que je ne connois de talens, de ſageſſe,
Que chez les anciens, que chez les vieilles gens ;
Il faut pour toute choſe être de notre tems ?

On ne voit plus aux mœurs ni regles, ni ſcrupules ;
Ceux qui nous ont ſuivi ſont pleins de ridicules,
Et ceux qui les ſuivront en auront encor plus.

LÉANDRE, *F.*

On ne peut pas mieux dire & penſer là-deſſus.

ORGON.

Enfin vous me plaiſez, & je vous prends pour gendre ;
Oui, vous ſeul à ma fille avez droit de prétendre ;
Oh ! que je vous embraſſe ! encore, homme charmant !
Je vais vous la chercher, & reviens à l'inſtant.

SCENE V.

LÉANDRE *Fils*, MARINE.

MARINE.

ET d'un dans nos filets. Vous avez fait merveille,
Le principe de vie a flatté ſon oreille.
Moi-même j'ai penſé croire, en vous écoutant,
Qu'en effet vous aviez ce ſecret important :
Comme vous en parliez ?

LÉANDRE, *F.*

Sans pourtant me comprendre.

MARINE.

En vérité ?

LÉANDRE, *F.*

D'honneur.

MARINE.

Moi je croyois l'entendre,
Et voilà ce que font ces grands diables de mots ;
Ils ne manquent jamais de convaincre les ſots.

LEANDRE, *F.*

Quoique juſqu'à préſent la fortune nous rie,
J'ai honte d'employer la charlatanerie :
Nous nous jouons tous deux d'un homme ſimple & bon,
Du pere de Doriſe, un galant homme.....

MARINE.

Bon.

LÉANDRE, *F.*

Dans quelle fauſſeté ma tendreſſe m'embarque !

MARINE.

Il eſt bien tems ma foi d'en faire la remarque.
Voulez-vous vous dédire ? Il m'en vient le deſſein.

LÉANDRE, *F.*

Ah ! je perdrois Doriſe...

MARINE:

Allons donc notre train :
Il n'eſt plus queſtion que de voir ma Maîtreſſe.

LÉANDRE, *F.*

Tu veux que je dérobe à ſes yeux ma jeuneſſe ?

MARINE.

Oui, ſi nous la trompons c'eſt agréablement ;
Tâchez d'en triompher ſous ce déguiſement.

Essayez ce prodige, & sans nous compromettre,
Aux ordres paternels laissons-la se soumettre;
La mettant au secret, il faut vaincre son cœur;
Et qui nous répondra d'en chasser la froideur?
Et puis je tremblerois, l'eussiez-vous attendrie,
Qu'elle ne découvrit notre supercherie.
Elle tromper son pere! il n'y faut pas compter,
Elle iroit malgré nous peut-être tout conter:
Au lieu que vous vît-elle avec indifférence,
Vous l'obtiendrez du moins par son obéissance;
Vous vous ferez aimer quand vous serez Époux.

LÉANDRE, *F.*

De l'être comme Amant je serois plus jaloux.

MARINE.

Eh laissez-là, Monsieur, votre délicatesse.

LÉANDRE, *F.*

Je l'en aimerois moins.....

MARINE.

Chut, je vois ma Maîtresse,
De l'amour, des transports, allons songez à vous.

SCENE

SCENE VI.

ORGON, DORISE, LÉANDRE, *Fils*, MARINE.

ORGON.

Oui, ma fille, ce ſoir il faut prendre un Époux,
L'Ami que j'attendois me rendant ma parole,
Il n'y faut plus penſer : mais, ce qui m'en conſole,
Tout ſe répare au mieux. Ah ! ſi ma volonté
Conſerve encor ſur toi la moindre autorité,
De cet homme divin, tu deviendras la femme ;
Il a pour tes appas la plus ardente flamme ;
Il a l'âge requis pour faire ton bonheur :
Conſulte là-deſſus, mes deſirs & ton cœur ;
Je te laiſſe.....

MARINE *à Léandre.*

Uſons bien, Monſieur, du tête à tête.

SCENE VII.

DORISE, LÉANDRE, *Fils*, MARINE.

LÉANDRE, *F.*

On vous offre, Doriſe, une triſte conquête,
Et je ſçais que formant d'inutiles deſirs,
Un vieillard tel que moi doit perdre ſes ſoupirs ;

Je ſens que mon projet eſt hardi, téméraire,
Qu'il falloit, vous aimant, ſçavoir du moins me taire :
A quel âge l'amour connoît-il la raiſon !
Je n'ai pu diſſiper des feux hors de ſaiſon.

DORISE.

Marine, à ce diſcours, je ne ſçais que lui dire ;
Il m'embarraſſe.

MARINE.

Et moi, Madame, il me fait rire.

LÉANDRE, *F.*

Je vous aime, Doriſe, & de la vive ardeur
Qui ſe fait reſſentir dans le plus jeune cœur.
Sur de triſtes dehors ne jugez point mon ame ;
Ce que l'âge pourroit enlever à ma flamme,
De deſirs, de tranſports & de vivacité,
M'eſt rendu par vos yeux & par votre beauté ;
Et dans ma paſſion, tant je la ſens extrême,
Je crois qu'on n'aime point autant que je vous aime.

DORISE *à Marine.*

Quelle douceur ! quel choix dans ſes expreſſions ... ?
Sa voix même, Marine, a d'agréables ſons.,..
Mais.... regarde ſes yeux.....

MARINE.

Vraiment, il lorgne encore ;
Tenez, tenez, de feux ſa face ſe colore :
Il ſe ragaillardit ; bon homme ! trouvez-vous
Que l'amour, en effet, ſoit un plaiſir ſi doux ?

DORISE.

Marine . . . . .

LÉANDRE, *F.*

Ah! c'eſt ce Dieu qui me ſoutient, m'inſpire;
De ſes charmans effets, je ſens juſqu'au délire :
Non, il n'a point de traits qu'il ne lance en ce cœur,
Dont je vous offre ici l'hommage peu flatteur ;
Eh! pourquoi dans le vôtre héſite-t-il encore
De porter la moitié du feu qui me dévore ?
Qu'il s'uniſſe avec moi dans un ſi doux effort ;
Vous manquez à ſa gloire, il manque à votre ſort :
Sans le fard de l'amour, par qui tout s'apprécie,
Les graces ſont ſans force, & la beauté ſans vie ;
Daignez donc juſqu'à vous, laiſſant aller ſes traits,
Leur laiſſer embellir encore vos attraits.
Vous ne répondez point, c'en eſt donc fait, Doriſe,
Je vous ſuis odieux, parlez avec franchiſe ;
Reprochez-moi d'aimer malgré le poids des ans ;
Faites tomber ſur moi les mépris offenſans,
Je les ai mérités . . .

DORISE.

Mais eſt-on mépriſable
Pour vanter ſon ardeur quand elle eſt véritable ?
Vous ne connoiſſez pas ma façon de penſer ;
Vous auriez moins ſujet de vous embarraſſer,
La jeuneſſe eſt, dit-on, quelquefois imprudente,
Orgueilleuſe, légere, étourdie, inconſtante.

MARINE *bas.*

Le beau petit portrait qu'on lui fait à ſon nez.

LÉANDRE, *F.*

Quel eſpoir vous portez à mes ſens étonnés !
Quoi ! mon âge n'a rien que le vôtre haïſſe ?
Ah ! votre cœur, eſt loin encor de l'artifice,
Vous ne me trompez pas, je puis compter ſur vous,
Quoi ! je pourrois un jour devenir votre époux ?

DORISE.

Monſieur, l'obéiſſance eſt dans mon caractere,
Dès qu'en votre faveur j'ai vu pencher mon pere,
Et qu'il croit que votre âge eſt fait pour mon bonheur;
Son goût à cet égard, eſt celui de mon cœur.

LÉANDRE, *F. à part.*

Ah ! Ciel ! je ſuis perdu, ſi je me fais connoître :
Reſpectons des Vertus qui m'aideront peut-être.
haut. Doriſe, ce diſcours a flatté mon amour,
Vous me voyez troublé par l'eſpoir du retour.

Il tombe à ſes genoux.

DORISE.

Levez-vous, levez-vous.

MARINE.

Peſte, qu'il eſt agile !

LÉANDRE, *F.*

Belle Doriſe ! hélas, quel ſeroit mon azile,
Ma conſolation, ſi vous me haïſſiez,

Je ſerois trop heureux d'être mort à vos pieds.
Prononcez donc, de grace, & décidez vous-même,
A quel ſort doit s'attendre une tendreſſe extrême?
Dites un mot.....

DORISE.

Je crois vous l'avoir dit, Monſieur.
C'eſt de mon pere ſeul qu'on obtiendra mon cœur.
Sa moindre volonté fut toujours mon Oracle.

LÉANDRE, *F.*

Vous avez vu du moins, loin d'y mettre un obſtacle,
Qu'il a même daigné s'intéreſſer pour moi:
Je puis donc eſpérer, & perdre tout effroi.
Oh ciel! quelle eſt ma joie! & combien ma tendreſſe
S'accroît par cet eſpoir!.. je ſuis dans une yvreſſe...

MARINE.

Là, ne diriez-vous pas d'un de nos jeunes gens?

LÉANDRE, *F.*

Ah! l'amour rajeunit & mon cœur & mes ſens.
Il devoit ce prodige à l'aimable Doriſe.

MARINE.

Ma foi, tout ce qu'il dit augmente ma ſurpriſe:
bas. C'eſt aſſez...

LÉANDRE, *F.*

Je vous quitte, & c'eſt avec regret:

Souvenez-vous du moins, qu'attendant mon arrêt,
Vous m'avez renvoyé vous-même à votre pere.

MARINE, *bas à Léandre.*

Bien...

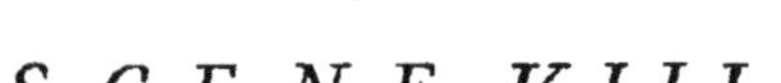

SCENE VIII.

DORISE, MARINE.

MARINE.

Voyons ſur ſon cœur ce que la ruſe opere.
Ma foi, c'eſt fort bien fait, ſi donc : les jeunes gens
Sont légers, glorieux, étourdis, imprudens ;
Je n'ai pas devant lui, voulu vous contredire,
Je me ſuis contentée au fond du cœur d'en rire.
La choſe eſt très-plaiſante ; un Vieillard amoureux,
Eſt une choſe aſſez ridicule à mes yeux ;
Mais un Vieillard aimé...

DORISE.

Qui t'a dit que je l'aime ?

MARINE.

Qui me l'a dit ! à moi ? Ce que j'ai vu moi-même.
Quelle douceur ! quel choix dans ſes expreſſions ;
Sa voix même, Marine, a d'agréables ſons.

DORISE.

Tu ne me parles plus de l'inconnu, Marine ?

MARINE.

Mais je ne ſçais pourquoi...

DORISE.

Pourquoi? *bas*, je le devine.

MARINE.

Il eſt ſi jeune...

DORISE.

Eh bien...

MARINE.

Eh bien n'a-t-il pas tort?
Il faut un âge mur, & j'en tombe d'accord,
Je ne ſuis plus pour lui, peut-être, il vous oublie,
Et ſi vous m'en croyez, il n'aura plus l'envie,
Ni même le pouvoir de revenir à vous :
On vient de vous laiſſer le choix de votre époux;
C'eſt vous venger de lui, que d'en choiſir un autre.

DORISE.

Non, je n'en ferai rien...

MARINE.

Quel diſcours eſt le votre? ...

DORISE.

Je ſuis ſûre qu'il m'aime...

MARINE.

Et mais, ſûre, pourquoi?

DORISE.

C'eſt qu'il me l'a juré...

MARINE.

Plaît-il ? ... à vous...

DORISE.

A moi..

MARINE.

Vous l'avez vû ..?

DORISE.

Sans doute, il m'a peint ſa tendreſſe
D'une vivacité, d'un tranſport, d'une yvreſſe,
Je ne connoiſſois pas ces choſes avant lui,
Ah ! Marine, mon cœur s'eſt ouvert aujourd'hui.

MARINE.

Je tombe de mon haut. Expliquez-vous de grace,
Car je vois quelque choſe en ceci qui me paſſe :
L'inconnu (dites-vous) vous a parlé d'amour ?

DORISE.

Oui, Marine...

MARINE.

Comment. ce jour même ?

DORISE.

Ce jour.

MARINE.

Et vous l'aimez ?

DORISE.

Marine, ai-je pû m'en défendre ?

Et comment ſoutenir un regard auſſi tendre,
Un langage ſi doux..!

MARINE.

Je ne ſçais où j'en ſuis..
bas. Et que va devenir l'amant que j'introduis?
Vous riez..?

DORISE.

Oui, je ris d'embarraſſer Marine,
Elle qui paſſe ici pour adroite & pour fine.

MARINE.

Et moi je ne ris point; & voudrois bien ſçavoir
Quand ce nouvel Amant a pu vous venir voir;
Car je vous avertis que ce n'eſt pas le même
Pour qui je vous parlois.,.

DORISE.

Tu te trompes, & même
Je n'ai vu cet Amant ſi tendre, qu'avec toi;
Tu pouvois en agir autrement avec moi,
Et je crois que d'abord je devois être inſtruite.

MARINE.

De quoi parlez-vous donc ici?..

DORISE.

De ta conduite.
Je vois bien que mon pere a la plus grande part
A l'intrigue qu'ici tu conduis avec art;
Mais pouvois-tu penſer que ſotement déçue,

Une ſi forte erreur ne frappa point ma vue ?
Le cœur ſe trompe-t-il à ce qui doit aimer ?
Il n'a pas dit un mot qu'il n'ait ſçu me charmer :
Ta gaieté, tes propos, ſes regards, ſon langage,
Mon trouble ; tout enfin détruiſoit ton ouvrage.
Et le voile tombé ne m'a fait voir en lui
Que l'inconnu pour qui tu parlois aujourd'hui :
Oſe me démentir . . . . .

MARINE.

Je n'en ſerois pas crue :
Ah, ah, pour une Agnès vous avez bonne vue !
Mais, dites-moi, pourquoi trouver tant de défauts
Dans tous nos jeunes gens ? comment, à quel propos ?
En le reconnoiſſant, quelle étoit votre envie ?

DORISE.

Celle de le punir de ſa ſupercherie.

MARINE.

O nature ! A cet âge, & dès le premier pas,
Conter à ſon Amant ce qu'on ne penſe pas ;
Démêler d'un coup d'œil un pareil ſtratagême,
En voir tous les reſſorts, & me jouer moi-même ;
Vous irez loin un jour, & j'en ſuis caution.

DORISE.

Oh, j'ai bien dans l'eſprit une autre opinion :

MARINE.

Quelle eſt-elle ? . . . .

DORISE.

Ce Fils qu'a refusé mon Pere....

MARINE.

Eh bien....

DORISE.

Plus je l'entends, plus je le considere...

MARINE.

Après....

DORISE.

Il doit avoir un Pere bien âgé.....

MARINE.

Dussé-je en vous manquant, recevoir mon congé,
Je vous embrasserai : c'est le vieillard lui-même,
Dont mettant à profit le ridicule extrême,
J'ai trouvé le secret d'arrêter le bonheur ;
Et vous & votre pere, il vous croit dans l'erreur.
Feignez de l'écouter, & de vous y méprendre,
En le laissant aller, & sans pourtant vous rendre :
Nous gagnerons le tems qu'il faut à mon dessein,
Et le jeune vieillard obtiendra votre main.

DORISE.

Que mon cœur est troublé....

MARINE.

Trouble qu'on ne hait guerre,
N'est-il pas vrai ? Je sçais, sur nous, ce qu'il opere ;
Jouir de son yvresse, est le bien le plus doux :
Gardons bien, cependant, ces secrets entre nous,

Et paroiſſez toujours docile, indifférente ;
Votre Pere trompé dans ſa premiere attente,
Protege votre Amant qu'il croit vieux comme lui ;
Je veux qu'il vous le faſſe épouſer aujourd'hui.

DORISE.

Je tremble que lui-même il ne le reconnoiſſe ;
Et comment a-t-il pû lui cacher ſa jeuneſſe ?

MARINE.

Il n'y connoîtra rien, c'eſt un coup de mon art :
Allez, vous n'avez rien à craindre à cet égard.

DORISE.

Tu ne peux trop compter ſur ma reconnoiſſance.

MARINE.

Je cherche le ſuccès plus que la récompenſe.

Fin du ſecond Acte.

ACTE TROISIEME.

SCENE PREMIERE.

CRISPIN, FRONTIN.

FRONTIN.

APPRENONS ce qu'a fait ici le faux vieillard.

CRISPIN.

J'entends parler quelqu'un, ah ! quel est ce Pendard?

FRONTIN.

Quel est donc ce poltron qui tremble en ma présence ?
Sçachons un peu de lui.... Ciel ! quelle ressemblance !
Ma foi, c'est la figure ou l'ombre de Crispin.

CRISPIN.

Il me nomme : Que vois-je?.. il a l'air de Frontin.
C'est lui-même....

FRONTIN.

C'est lui....

CRISPIN.

Bon jour cher camarade.

FRONTIN.

Ah ! cher Crispin, reçois cette vive embrassade.

CRISPIN.

Tu viens de me tirer d'un maudit embarras ;
Mais d'où viens-tu ? Quel ſoin conduit ici tes pas ?
Ton Maître eſt-il ici ?...

FRONTIN.

Que fait Monſieur ſon pere ?
Seroit-il à Paris ?... & qu'y viendroit-il faire ?
Pour ſe remarier ſeroit-il en ces lieux ?

CRISPIN.

Peut-être en ce logis vous êtes amoureux ?

FRONTIN.

Libertin autrefois, il n'eſt pas des plus ſages.

CRISPIN.

Quelqu'amour clandeſtin préſide à vos voyages.

FRONTIN.

Il nous aime à ſon aiſe.

CRISPIN.

Et vous le craignez peu.

FRONTIN.

Ne me cache donc rien.

CRISPIN.

Fais-moi donc quelqu'aveu.

FRONTIN.

Parle donc.

CRISPIN.

Je t'ai fait la premiere demande,
C'eſt à toi de parler.

FRONTIN.

Quoi ! Criſpin appréhende
Que je puiſſe abuſer d'un ſecret confié.

CRISPIN.

Quelle diſcrétion ! Où donc eſt l'amitié ?

FRONTIN.

Rien qu'un mot.

CRISPIN *bas.*

Tenons ferme.

FRONTIN *bas.*

Uſons d'un ſtratagême.
Haut. Parbleu ! de t'avoir vû mon plaiſir eſt extrême
Et je veux célébrer un ſi charmant bonheur,
En buvant avec toi du meilleur de mon cœur.

CRISPIN *bas.*

Il a le vin bavard, *haut.* j'accepte la partie.

FRONTIN *bas.*

Je l'enivre. *haut.* Ici près eſt une hôtellerie
Le vin en eſt parfait, l'Hôte eſt de mes amis :
Viens...

CRISPIN.

J'avois cependant affaire en ce logis.

FRONTIN.

Viens toujours.

CRISPIN.

Volontiers, *à part.* avant qu'il ſoit une heure
Je ſaurai ſon ſecret, & de plus ſa demeure.

SCENE II.

LÉANDRE, *Pere*, CRISPIN.

LÉANDRE, *P.*

Eh ! Criſpin, où cours-tu ?

CRISPIN.

Ne me retenez pas.
Je cours, pour vous ſervir, m'enyvrer de ce pas.

SCENE III.

LÉANDRE, *Pere*, *ſeul.*

Crispin, Criſpin, écoute. Ah ! l'indigne, le traître,
Lorſqu'il s'agit de boire, il n'entend plus de Maître ;
Que je ſuis mécontent de cet ivrogne-là !
Boire pour me ſervir, quelle excuſe eſt-ce là ?
Mais rappellons ici mes deſſeins & mes vues,
Il faut que j'aie au moins deux ou trois entrevues
Avec le jeune objet que je veux m'attacher ;
De ſon Pere d'abord, il faut le détacher,

Sa

Sa Suivante a déja commencé cette affaire,
J'en ſuis sûr, & je n'ai maintenant qu'à lui plaire :
C'eſt elle juſtement que je vois s'avancer...

SCENE VI.

DORISE, LÉANDRE, *Pere*, MARINE.

MARINE *bas*.

SONGEZ qu'à l'écouter il faut vous efforcer.

DORISE *bas*.

Ah ! qu'il eſt ridicule ! ...

MARINE *bas*.

Un peu de violence.

LÉANDRE, *P.*

Quel ſort heureux vous offre à mon impatience !
J'allois voler, Doriſe, à votre appartement;
Je ne pourrai ſouffrir le moindre éloignement :
Si cela continue... & l'abſence d'une heure...
M'a mis dans un état... il faudra que j'en meure...
Si le bon-homme Orgon perſiſte en ſon projet,
Ou ſi vous ne vengez l'injure qu'il me fait :
Concevez-vous, Doriſe, un ſemblable caprice !
On me trouve pour vous, trop jeune, trop novice;
Vous me ferez raiſon de cette inſulte-là,
Et j'en appelle à vous. Comment donc on viendra
M'imputer à défaut ce qui ſeul peut vous plaire !
Je ſuis jeune, tant mieux : eſt-ce là ſon affaire?

Si je ſuis bien pour vous, tout eſt examiné,
Et vous ne voulez pas un époux ſurannné ;
Vous êtes de bon goût; la jeuneſſe, j'eſpere,
Ne vous allarme pas autant que votre pere.

DORISE.

Monſieur, j'ai pour mon pere un reſpect ſans égal ;
Il fuit les jeunes gens, il en parle ſi mal,
Que j'ai craint quelquefois qu'il ne leur fît juſtice.
Je ne ſaurois taxer mon pere de caprice :
Cependant à mes yeux, s'il peut m'être permis
De dire là-deſſus librement mon avis,
La jeuneſſe jamais ne parut effrayante.

MARINE.

Effrayante ! au contraire, elle ravit, enchante ;
Voyez cet air facile, avantageux, leger,
Qu'on ne voit, par malheur, qu'avec trop de danger ;
Vivent les jeunes-gens ! tout eſt feu, tout eſt grace ;
Ils ont quelque défauts, ma foi je les leur paſſe.
Vous m'avez l'air d'avoir celui de trop aimer.

LÉANDRE, *P.*

J'y ſuis incorrigible. A-t on ſçu me charmer?
Je ne ſuis plus à moi ; c'eſt une inquiétude,
Un trouble, une langueur ; c'eſt un état fort rude.

MARINE.

Pauvre enfant !

LÉANDRE, *P.*

Croyez-vous que vous m'aimiez un peu ?

Ma tendreſſe, Doriſe, exige cet aveu.

MARINE.

Qu'allez-vous demander ? Une fille bien née
Ne peut permettre au plus que d'être devinée :
Je ne ſais pas au Mans ce qu'on fait ſur ce point,
Mais les mots à Paris ne ſe permettent point.
Ah ! peſte, on eſt exact ici ſur la morale ;
Vous pouvez augurer, la choſe eſt preſqu'égale :
Quel coup de ſympathie entre vos jeunes cœurs !
Tout vous unit, eſprit, ſens, jugement, humeurs ;
Elle eſt faite pour vous autant que vous pour elle.

DORISE.

Marine, pour Monſieur vous montrez bien du zèle.

LÉANDRE, *P.*

C'eſt pour votre intérêt qu'elle vous parle ainſi.

MARINE.

J'aime Monſieur, ſans doute, & je parle pour lui ;
C'eſt que je vois qu'il a tout ce qu'il faut pour plaire,

LEÀNDRE, *P.*

Ah ! Marine...

MARINE.

Mais oui, je ne ſaurois m'en taire.

LÉANDRE, *P.*

Trop heureux ſi Doriſe écoutant tes avis,

DORISE.

M'en a-t-elle donnés que je n'aie ſuivis ?

Elle ſait me forcer à ce qu'elle deſire.

LÉANDRE, *P.*

Eh ! le voilà ce mot ſi difficile à dire ;
Vous m'aimez, & je puis prétendre à votre main.

DORISE.

J'entends quelqu'un, Marine...

LÉANDRE, *P.*

Eh non ! Eſt-ce à demain ?
Tenterons-nous d'abord de ramener le pere ?

DORISE.

Que votre amour, Monſieur, quelques jours ſe modere :
Ne précipitons rien ; Marine vous verra,
Et de ce qu'il faut faire avec vous conviendra.

MARINE.

Oui, Monſieur, vous voyez ſi je vous ſuis contraire ;
Mais ſi l'on découvroit un peu trop-tôt l'affaire...
Je ſais bien un moyen de parer ce ſoupçon.

LÉANDRE, *P.*

Quel eſt-il ?

MARINE.

De reſter très-peu dans la maiſon.

LÉANDRE, *P.*

J'y conſens... Vous ſortez ?

DORISE.

Excuſez-moi de grace ;
Je crains d'être ſurpriſe, & je quitte la place.

Marine, ſuivez-moi...

MARINE.

Je ne puis qu'obéir;
Mais croyez que par-tout je ſonge à vous ſervir.
(*bas*) Le ſot homme!

SCENE V.

LÉANDRE, *Pere*, *ſeul.*

Fort bien! Ce qu'on vient de me dire
Semble me garantir le bonheur où j'aſpire.
La petite friponne a pris du goût pour moi;
Auſſi j'ai fait merveille; & maintenant je voi
Comment nos étourdis ont ſi bien l'art de plaire:
Il ne faut qu'être fat, & j'en fais mon affaire;
Mon premier coup d'eſſai n'eſt pas trop malheureux.

SCENE IV.

LÉANDRE *Pere*, LÉANDRE *Fils.*

Me ſerois-je flatté? Mais que vois-je en ces lieux?
Et ne pourrai-je encore parler ſeul à Doriſe?
Ah! quel objet... O Ciel! Eh! quelle eſt ma ſurpriſe!

LÉANDRE, *P.*

Que vois-je!...

LÉANDRE, *F.*

Quoi ! C'eſt vous, mon Pere.

LÉANDRE, *P.*

C'eſt mon fils.
Ah ! coquin, qui t'oblige à prendre ces habits ?
Parle, dans ce logis quelle raiſon t'amene ?
Fils indigne de moi ...

LÉANDRE, *F.*

Je n'ai pas moins de peine
A deviner l'objet de ce déguiſement.
Quoi ! mon pere à Paris ? Et pourquoi ? Depuis quand ?

LÉANDRE, *P.*

De ce déguiſement la raiſon eſt ſecrete.
J'y ſuis incognito.

LÉANDRE, *F.*

Mon eſprit s'inquiete
Du ſilence qu'ici vous gardez avec moi.
Je vous trouve fort bien ; mais je ſens quelqu'effroi
De vous voir traveſti ſans en ſavoir la cauſe.
Mon Pere, vous eſt-il arrivé quelque choſe ?

LÉANDRE, *P.*

En tout cas, l'on n'a pas beſoin de votre appui ;
C'eſt par goût que je ſuis de la ſorte aujourd'hui.

LÉANDRE, *P.*

Je ne vous ſavois pas tant de goût pour les armes.

Depuis quand ce métier pour vous a-t-il des charmes?
Avez-vous fait campagne?

LÉANDRE, *P.*

Oui.

LÉANDRE, *F.*

Ceci me ſurprend;
Vous voulez me tromper, mon Pere, aſſurément.
Il s'agit d'amourette ou de coquetterie;
Vous donnâtes toujours dans la galanterie.
Ma foi, je ne ſais point qui vous voulez charmer;
Mais vous avez tout l'air de vous bien faire aimer:
Vous êtes à ravir...

LÉANDRE, *P.*

Mais es-tu bien ſincere?
Là me trouve-tu bien?...

LÉANDRE, *F.*

En vérité, mon Pere,
Si vous me permettez cette comparaiſon,
Je ne ſuis pas ſi bien, & l'on auroit raiſon
De vous croire mon fils, en nous voyant enſemble:
Mais que dites-vous donc du ſort qui nous raſſemble
Dans la même maiſon, & ſi bizarrement?
Permettez que j'en rie avec vous un moment.
Oh çà, faites-moi donc part de votre aventure;
Je ſuis à vous ſervir diſpoſé, je vous jure:
Avez-vous à tromper quelqu'Argus vigilant,
Quelqu'Oncle, quelque Pere ou quelqu'autre parent?

Frontin fait quelquefois là-dessus des miracles,
Et nous viendrons à bout de lever les obstacles.

LÉANDRE, *P.*

Tu ne saurois m'aider à tromper qui je veux.

LÉANDRE, *F.*

Eh ! mais tout est possible, on peut vous rendre heureux ;
N'épargnez sur ce point ni mes soins, ni mon zèle ;
Mais dites-moi d'abord, mon Pere, quelle est-elle?
Loge t-elle ici près ?...

LÉANDRE, *P. à part.*

Ah ! qu'il me rend confus !
(*haut*) Je ne puis m'expliquer à présent là-dessus.
Mais revenons à toi.

LÉANDRE, *F.*

Voudriez-vous, mon Pere,
Prêter à votre fils un secours salutaire;
La plus vive tendresse a fait ce changement :
Oui, l'amour est l'auteur de mon déguisement ;
J'aime dans ce logis une fille adorable,
Dont on veut que l'époux soit d'âge respectable.

LÉANDRE, *P.*

Quoi ! la fille d'Orgon ?...

LÉANDRE, *F.*

Oui. La connoissez-vous ?
J'oserois pis encor, pour être son époux.

LÉANDRE, *P. bas.*

Juſtement le pendart en veut à ma maîtreſſe.

LÉANDRE, *F.*

J'ai voulu, pour la voir, lui cacher ma jeuneſſe,
Et tout juſqu'à préſent à ſecondé mes vœux;
Et le pere & la fille ont approuvé mes feux.
Qu'un jeune concurrent à tous deux ſe propoſe,
Tel ſeroit mon bonheur, que ma métamorphoſe
En faſcinant leurs yeux me feroit préférer;
Etre vieux eſt ici le moyen d'eſpérer.

LÉANDRE, *P.*

Quoi! la fille?...

LÉANDRE, *F.*

A ſon pere elle ſe ſacrifie;
Elle conſent à tout: Heureux que ma folie
En les trompant tous deux leur ſauve un repentir.

LÉANDRE, *P.*

Pour la fille, je crois qu'elle doit te haïr.

LÉANDRE, *F.*

Non, mon Pere, au contraire; & dès ce ſoir peut-être,
Si vous y conſentez, ſans me faire connoître
En lui donnant la main, votre fils eſt heureux:
Par le plus doux eſpoir elle a comblé mes vœux;
Et d'ailleurs j'ai près d'elle une amie excellente,
Qui me ſert à merveille...

LÉANDRE, *P.*

Eh ! qui donc ?

LÉANDRE *F.*

Sa ſuivante.
Entre nous, pour conduire un amoureux roman,
C'eſt un eſprit du Diable; elle vous fait un plan,
Vous conduit une intrigue avec toute l'aiſance....
C'eſt la perle en un mot des Soubrettes de France;
Si vous la connoiſſiez...

LÉANDRE, *P.*

(*bas*) Que trop pour mon malheur.
Scélérate ! (*haut*) Je puis mieux faire ton bonheur;
C'eſt Orgon que je cherche ici, c'eſt mon intime,
Liés depuis long-tems par l'amitié, l'eſtime,
Je n'ai qu'à dire un mot : mais il faut pour cela
Quitter dès-à-préſent ce déguiſement-là.
Je m'en vais de ce pas lui demander ſa fille;
J'en veux avec plaiſir augmenter ma famille :
C'eſt aſſez. Vas changer de parure au plutôt.
Moi, près de mon ami, je ferai ce qu'il faut.

LÉANDRE, *F.*

Laiſſez-moi le tromper....

LÉANDRE, *P.*

Je vous demande excuſe;
Je ne ſouffrirai pas qu'à mes yeux on abuſe
De la crédulité d'un de mes bons amis;
Et je ſuis contre toi, ſi tu ne m'obéis.

LÉANDRE, *F.*

C'en eſt fait, je me rends, & céde à la menace ;
J'aime bien mieux vous voir ſolliciter ma grace,
Et forcer votre ami de répondre à mes vœux.
Oui, je veux vous devoir le bonheur de mes feux.
Ah ! que je vous embraſſe, & mille fois mon pere.
La rencontre eſt heureuſe ; & je n'eſpérois guere
Trouver pour mon amour un ſoutien tel que vous ;
Mais croyez qu'aujourd'hui de Doriſe l'époux,
Je vous ſers dès demain ; car vous avez beau faire,
Tout m'annonce chez vous quelqu'amoureuſe affaire.
Adieu, mon pere, adieu. Mes vœux ſeront remplis :
Je vois que vous brûlez de ſervir votre fils.

SCENE VII.

LÉANDRE, *Pere, ſeul.*

AH ! je vais te ſervir de la belle maniere.
Il gagnoit en vieillard & la fille & le pere ;
S'il ne faut qu'être vieux, je vais paroître ici
Plus amoureux cent fois, & bien plus vieux que lui.
Marine m'a joué le tour le plus infâme....
Doriſe, ſans cela ſeroit déjà ma femme ;
Mais je m'en vengerai. Tout peut ſe réparer,
Et ſous mes vrais habits je n'ai qu'à me montrer.
Je vais tirer Orgon de cette erreur cruelle
Où j'allois le plonger, & j'épouſe la belle ;

Mon fils enragera, grondera, pestera;
Tant mieux, par ce revers il se corrigera:
Il faut savoir punir à propos la jeunesse.
J'avois pu te quitter, trop aimable vieillesse?
Hélas! je te devrai ma joie & mon bonheur.

SCENE VIII.

LÉANDRE, *Pere*, MARINE.

MARINE.

NOTRE amant ne vient point...

LÉANDRE, *P.*

Il viendra: Serviteur.

MARINE.

Je m'ocupois de vous: eh bien, dans ma Maîtresse
Avez-vous remarqué pour vous quelque tendresse.
Vous ai-je bien servi?

LÉANDRE, *P.* (*bas*)

L'impudente! (*haut*) Fort bien.

MARINE.

Je vous ai ménagé ce moment d'entretien....
Vous l'avez enchantée, & son ame ravie....

LÉANDRE (*brusquement*)

Adieu. Je sais combien Marine est mon amie.

SCENE IX.

MARINE (*seule.*)

LE jeune homme ou Frontin ſe ſeroient-ils trahis ?
Quoi, tandis que pour eux j'aurois tout entrepris,
Ils auroient pû ? ... Mais non, cela n'eſt pas poſſible;
Aiſément du ſoupçon, cet âge eſt ſuſceptible;
Il m'éprouvoit... Allons, ne nous démentons pas,
Et mettons tout à fin, pour ſortir d'embarras.
Ah ! qu'il tarde à venir ! mais bon, voici le Pere;
Portons le dernier coup ....

SCENE X.

ORGON, MARINE.

ORGON.

QUE faut-il que j'eſpere?
Ma fille va deſcendre, & s'expliquer enfin ;
Qu'as tu vû ? De ceci quelle ſera la fin ?

MARINE.

Et voit-on quelque choſe avec une innocente
Qui n'a ni froid ni chaud, toujours indifférente;
Qui ne ſçait rien encore de triſte ni d'heureux ;
A qui tout eſt égal, blanc ou noir, jeune ou vieux,
Sot ou non ? rien n'y fait : J'*obéis à mon Pere* :

Qu'il choisisse celui qu'il veut que je préfere.
Voilà tous ses discours ; à votre place aussi,
Je n'en croirois que moi pour choisir son mari.
Le Médecin vous plaît, je dirois qu'on le prenne,
Et tout-à-l'heure encor....

ORGON.

Ne te mets point en peine ;
Puisqu'elle est si long-tems à se déterminer,
Dès ce soir pour l'hymen, je vais tout ordonner.

MARINE.

C'est fort bien fait, Monsieur.

ORGON.

Voici notre indolente.

SCENE XI.

ORGON, DORISE, MARINE.

ORGON.

COMMENT donc, est-ce ainsi qu'on est obéissante ?
Vous n'avez pas encor agréé pour époux
Ce Médecin fameux....

DORISE.

Ce choix dépend de vous.

ORGON.

Je vous croyois du goût, du bon sens, de la tête ;

Et je n'apperçois pas qu'eſt-ce qui vous arrête :
Ne pas aimer déja cet homme merveilleux ;
Notre Manceau, peut-être, aura frappé vos yeux.

DORISE.

Frappé mes yeux ? Oh non ?...

ORGON.

En ce cas, prenez l'autre ;
J'aurai mon Médecin.

DORISE.

Mon choix ſera le vôtre.

ORGON.

Oui, par ſoumiſſion, bien plutôt que par goût ;
Cependant, c'eſt un homme à préférer à tout,
Que tu devrois chérir ; mais en es-tu capable ?

MARINE:

Cela viendra peut-être....

ORGON.

Un Chymiſte admirable,
Qui fait vivre cent ans, qui t'aime à la fureur ;
Tu ne mérites pas un ſemblable bonheur :
il eſt charmant, divin, Marine, que t'en ſemble ?

MARINE.

Je ne demande au Ciel qu'un vieux qui lui reſſemble.

ORGON.

Tu vois, Marine même a du penchant pour lui.

MARINE *à Dorise.*

Je gage que bientôt vous en aurez aussi ;
Il a l'air engageant, les manieres aimables ;
Sa façon de parler est des plus agréables.

ORGON.

Ma foi, je sens pour lui la plus vive amitié :
Son rival, au contraire, excitoit ma pitié.

SCENE XII.

ORGON, LÉANDRE *P. en vieillard.*
DORISE, MARINE.

ORGON.

Mais, voici ton vieillard ; approchez-vous mon Gendre ;
Votre main, & la tienne ; & pourquoi t'en défendre ?
Ah, ah, je me trompois ! je suis votre valet,
Beau blondin travesti, vous n'êtes pas mon fait.
Monsieur l'Officier, gagnez votre demeure ;
Votre Pere, peut-être, est à sa derniere heure :
Croyez-m'en, pour le voir, retournez sur vos pas.

MARINE *bas.*.

Que veux dire ceci ? quel nouvel embarras ?

LÉANDRE, *P.*

Sortez de votre erreur, c'est votre ami lui-même
Qui vous embrasse ici.

ORGON.

ORGON.

Ma ſurpriſe eſt extrême !

LÉANDRE, *P.*

Ouvrez les yeux enfin,

ORGON.

Qui, vous mon vieil ami ?

LÉANDRE, *P.*

Moi-même .....

MARINE.

Eſt-il poſſible !

LÉANDRE, *P.*

Et toi, perfide auſſi,
Peux-tu t'en étonner ? toi, de qui la malice
M'a fait avoir recours à ce ſot artifice.

MARINE.

Il ne ſçait ce qu'il dit, je ne le connois pas :
bas. Ah ciel ! par quel moyen nous tirer de ce pas ?

LÉANDRE, *P.*

Ai-je imaginé ſeul cette lourde bévûe ?
N'eſt-ce pas ton conſeil ?

ORGON.

Et la lettre reçue...
La folie, & ces maux dont me parloit Criſpin ?

LEANDRE, *P.*

Chimeres, & je ſuis dans l'état le plus ſain ;
Cette fourbe m'a fait hazarder l'entrepriſe
De paſſer pour mon fils, & de plaire à Doriſe.
J'ai crû qu'en m'annonçant pour un autre que moi,
Je pourrois lui donner, peut-être, moins d'effroi ;
Et je ne penſois pas que, ſi douce & ſi ſage,
Elle pût épouſer un homme de mon âge :
A votre égard, j'ai cru qu'un écrit de ma main,
Sous le nom de mon fils, appuieroit mon deſſein.

ORGON.

Morbleu ! peut-on encore radoter à cet âge ?
Pour trouver à ma fille, un époux qui fût ſage,
Contre tout jeune amant je voulois me liguer ;
Mais je vois qu'à tout âge on peut extravaguer ;
Et que, pour aſſurer le bonheur de Doriſe,
Je devrois regretter la peine que j'ai priſe,
Si je n'avois trouvé ce vieillard ſi prudent,
Si digne, à tous égards, du bonheur qui l'attend.
Oui, notre bel ami, ma fille eſt pour un autre ;
Je vous le dis tout franc.....

LÉANDRE, *P.*

Quel deſſein eſt le vôtre ?
Quand vous m'avez promis....

ORGON.

Je vous croyois prudent,

Mais de ma ſotte erreur je reviens à préſent ;
J'aimerois mieux, vous dis-je, en changeant de penſée,
Voir à quelque étourdi ma fille fiancée,
Que de vous la laiſſer épouſer aujourd'hui,
Après vous avoir vu vous jouer d'un ami :
Mais j'ai quelqu'un à qui donner la préférence ;
C'eſt un vieillard qui joint à ſa vaſte ſcience
Un eſprit éclairé par la ſeule raiſon.

LÉANDRE, *P.*

Vous n'avez pas de lui mauvaiſe opinion.

ORGON.

Oui, ce vieillard devroit être votre modele ;
Eſtimé de Doriſe, il eſt ſeul digne d'elle.

LÉANDRE, *P.*

Vous reviendrez bientôt de cet entêtement,
Le galand ſuranné que vous nous vantez tant....

ORGON.

Eh bien.....

LÉANDRE, *P.*

Vous déplaira, c'eſt une choſe sûre :
Je gage qu'avec lui vous ne pourrez conclure.

ORGON.

Mais c'eſt gager fort mal, je vous dis qu'il me plaît.

LÉANDRE, *P.*

Gageons que non....,

ORGON.

Gageons .....

LÉANDRE, *P.*

Je ſuis mieux votre fait.

ORGON.

C'eſt un grand Médecin .....

LÉANDRE, *P.*

La qualité m'étonne ;
Je vous jure qu'il n'a jamais tué perſonne.

ORGON.

Je le ſçais bien ; il a des ſecrets merveilleux.

LÉANDRE, *P.*

Celui de vous tromper lui réuſſit au mieux.

MARINE *bas.*

Ah nous ſommes perdus ! ....

LÉANDRE, *P.*

Il doit bientôt ſe rendre,
Juſtement le voici .....

SCENE XIII, & derniere.

LÉANDRE, *Fils*, *en jeune homme.*

Les mêmes.

JE n'y puis rien comprendre.

DORISE.

Marine il va ſe perdre !

MARINE.

Ah ! quel extravaguant !

LÉANDRE, *F.*

Ah! Monſieur, pardonnez les ruſes d'un amant ;
Vous vouliez ce matin protéger ma vieilleſſe ;
Vous ſerois-je odieux par ma ſeule jeuneſſe?
J'aimois depuis long-tems votre fille en ſecret...

DORISE.

Que je ſouffre, Marine....

MARINE.

Au diantre l'indiſcret !

ORGON.

Marine me jouoit avec vous, à ce compte,
Et tous vos grands talens, Monſieur,

LÉANDRE, *P.*

Etoient un conte.

MARINE.

Ma foi, je ne ſçais plus quel tour ceci prendra :
Deſtin, fortune, amour, nous ſauve qui pourra.

LEANDRE, *F.*

Puis-je me repentir de ce qu'on m'a vu faire ?
Il falloit voir Doriſe, & ne pas vous déplaire ;
J'ai conſulté l'amour ; l'amour eſt imprudent..

Mon Pere... uniſſez-vous à moi dans ce moment.

MARINE.

Son Pere ?

ORGON.

Que dit-il... quoi !.. vous ſeriez ſon Pere ?

LÉANDRE, *P.*

Oui, quel eſt maintenant celui que l'on préfere ?

ORGON.

Tant de bizarrerie a de quoi m'étonner !
Ma fille, c'eſt à toi de bien examiner
Qui du Pere ou du Fils mérite mieux ſa grace ;
Je te remets mes droits ; fais ton choix, & j'y paſſe.

LÉANDRE, *F.*

Mon Pere eſt mon rival, c'eſt à moi de céder ?

MARINE.

Non, il faut la laiſſer entre vous décider.

LÉANDRE, *F.*

Je tremble ....

LÉANDRE, *P.*

Songez bien que de mon artifice
L'amour ſeul eſt auteur ....

MARINE.

On vous rendra juſtice.

DORISE.

Puiſque l'on me permet de juger entre vous,
Un mot va déclarer quel ſera mon époux ;

Vous avez tous les deux marqué peu de ſageſſe,
Mais on doit quelquefois excuſer la jeuneſſe.

MARINE.

Bien jugé....

LÉANDRE, *F.*

Quelle joie....

ORGON.

Allons, mon vieil ami,
Sur ce petit malheur prenez votre parti;
Vous l'avez mérité.....

LÉANDRE, *P.*

J'y conſens. D'ordinaire,
Un fils ſemble être né pour déſoler ſon pere.

MARINE.

Vîte à votre contrat, & terminons ce ſoir;
Plus de délais.....

LEANDRE, *F*

L'amour a comblé mon eſpoir.

Ils ſortent.

MARINE.

A quelque prix, ma foi, qu'on mette la fineſſe,
Le hazard & l'amour font plus que notre adreſſe.

Fin de la Piece.

www.ingramcontent.com/pod-product-compliance
Ingram Content Group UK Ltd.
Pitfield, Milton Keynes, MK11 3LW, UK
UKHW020344180726
13839UKWH00002B/907